PIANO • VOCAL • GUITAR

The SUPREMES

GREATEST HITS

Cover photo from the Frank Driggs Collection

ISBN 0-634-07768-6

HAL•LEONARD®
CORPORATION
7777 W. BLUEMOUND RD. P.O. BOX 13819 MILWAUKEE, WI 53213

In Australia Contact:
Hal Leonard Australia Pty. Ltd.
22 Taunton Drive   P.O. Box 5130
Cheltenham East, 3192   Victoria, Australia
Email: ausadmin@halleonard.com

Visit Hal Leonard Online at
www.halleonard.com

CONTENTS

BABY LOVE

Words and Music by BRIAN HOLLAND,
EDWARD HOLLAND and LAMONT DOZIER

Ba - by love, my ba - by love, I
Ba - by love, my ba - by love, why
me, my love, my ba - by love, I

need you oh how I need __ you. But all you do is
must we sep - a - rate my love? All of my
need ya, oh how I need __ ya. Why you do me

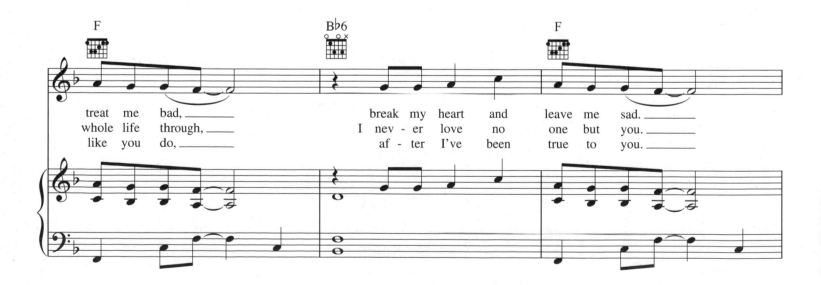

treat me bad, _____ break my heart and leave me sad. _____
whole life through, ____ I nev - er love no one but you. ____
like you do, _____ af - ter I've been true to you. ____

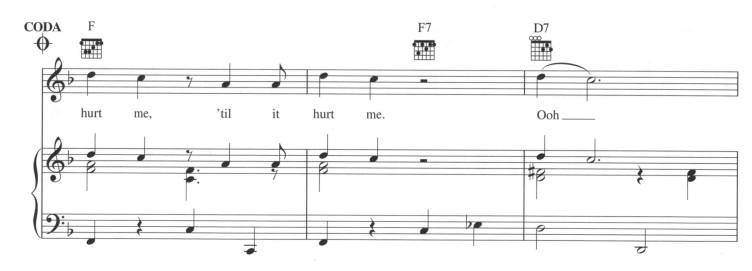

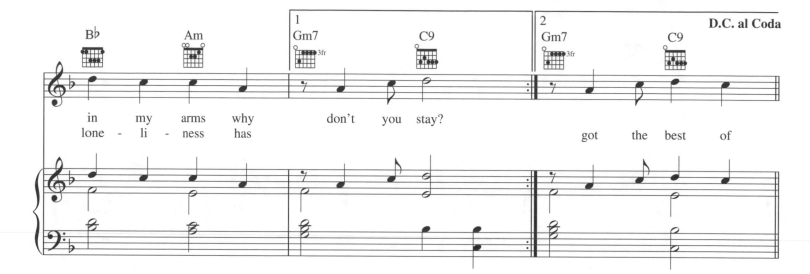

COME SEE ABOUT ME

Words and Music by LAMONT DOZIER
BRIAN HOLLAND and EDWARD HOLLAND

Moderately

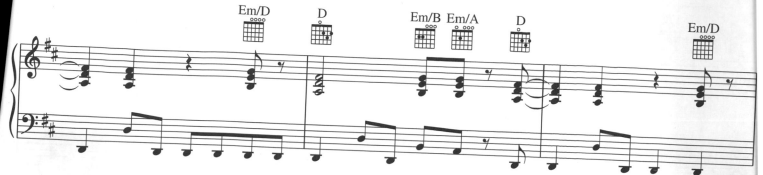

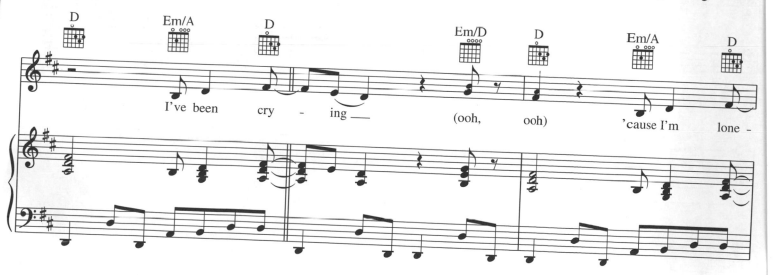

I've been cry - ing (ooh, ooh) 'cause I'm lone -

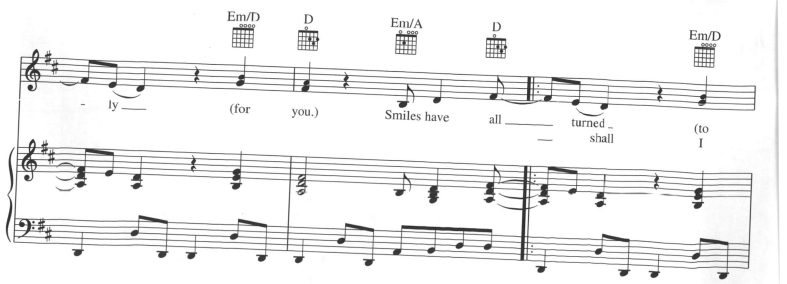

- ly (for you.) Smiles have all turned (to
— shall I

BACK IN MY ARMS AGAIN

Words and Music by BRIAN HOLLAND,
LAMONT DOZIER and EDWARD HOLLAND

Moderately

1. All day long I hear my tel - e - phone ring, friends
2. Ea - sy for friends to say let him go, but
3. *(See additional lyrics)*

call - ing giv - ing their ad - vice. From the boy I love I should
I'm the one who needs him so. It's his love that

break a - way 'cause heart - aches he'll bring one day.
makes me strong; with - out him I can't go on.

Additional Lyrics

3. How can Mary tell me what to do
   When she lost her love so true;
   And Flo, she don't know
   'Cause the boy she loves is a Romeo.
   I listened once to my friends' advice
   But it's not gonna happen twice.
   'Cause all the advice ever's gotten me
   Was many long and sleepless nights. Oo!
   I got him back in my arms again.
   Right by my side.
   I got him back in my arms again
   So satisfied. (Fade)

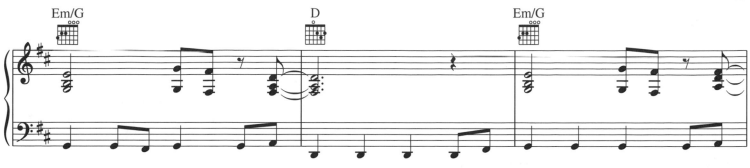

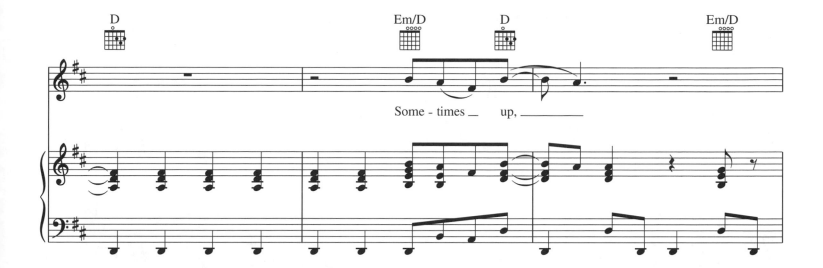

Some - times _ up, _____

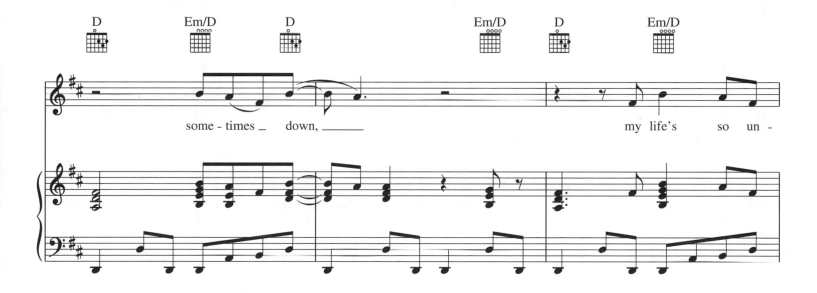

some - times _ down, _____ my life's so un -

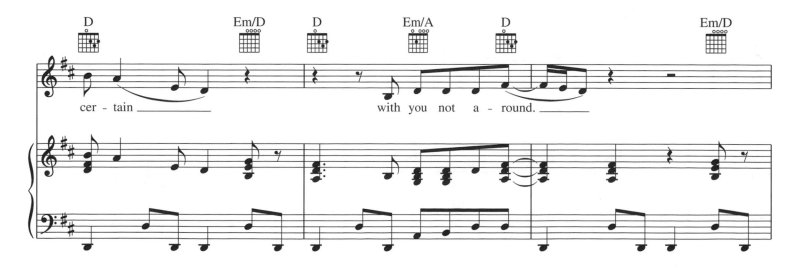

cer - tain _____ with you not a - round. _____

IN AND OUT OF LOVE

Words and Music by BRIAN HOLLAND,
LAMONT DOZIER and EDWARD HOLLAND JR.

Keep fall - ing in ___ and out ___ of love, ___
Keep fall - ing in ___ and out ___ of love, ___

In search ___ for what ___ I'm dream - ing of, ___
keep fall - ing in ___ and out ___ of love.

I ___ long ___ to find a love ___ I'm sure a - bout, ___
I ___ keep reach - ing out ___ for ten - der - ness, ___

that cer - tain kind ____ of love ____ that moves ____
touch - ing a hand ____ of ____ that ____ holds ____

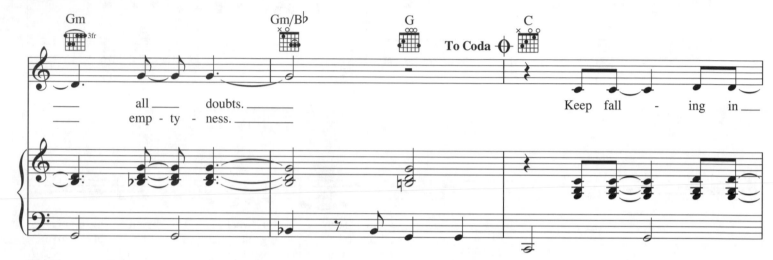

____ all ____ doubts. _____
____ emp - ty - ness. _____ Keep fall - ing in ____

____ and out ____ of love, _____

still search - ing for ____ that spe - cial one, _____

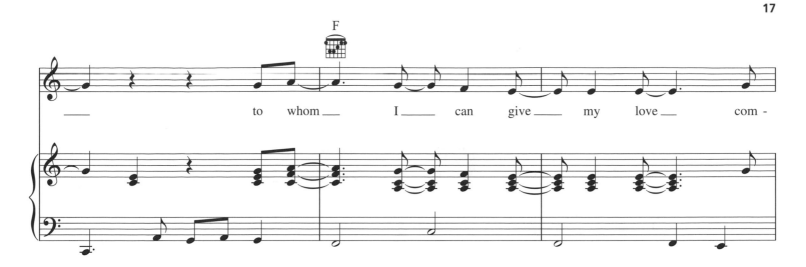

to whom ___ I ___ can give ___ my love ___ com -

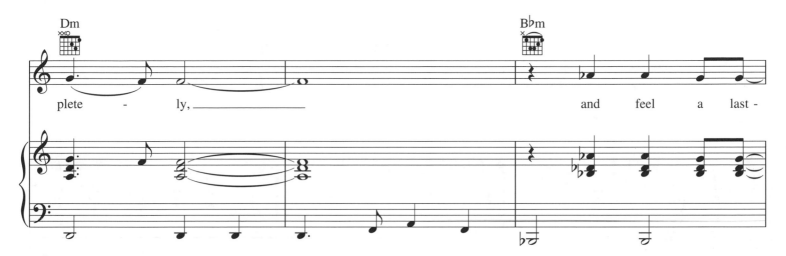

plete - ly, _____ and feel a last -

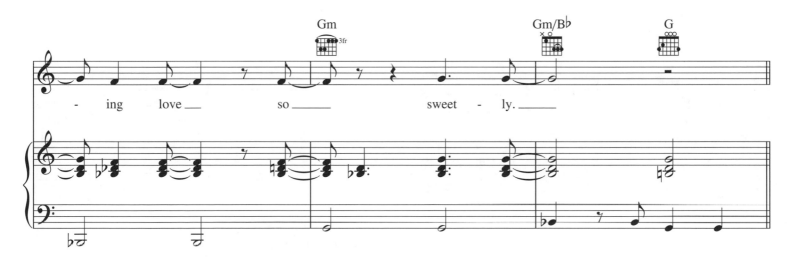

- ing love ___ so _____ sweet - ly. _____

Just when I feel _____ sure love's ___ here _____ to stay, _____
Can't seem to find _____ that ev - er - last - ing love, _____

it seems ___ to sud - den - ly ___ just fade ___
that ___ this heart ___ of mine ___ needs ___

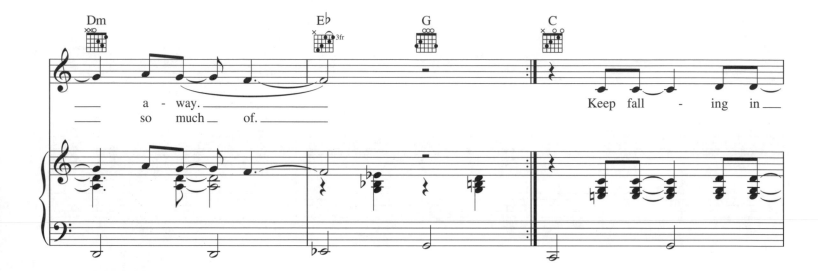

___ a - way. ___
___ so much ___ of. ___

Keep fall - ing in ___

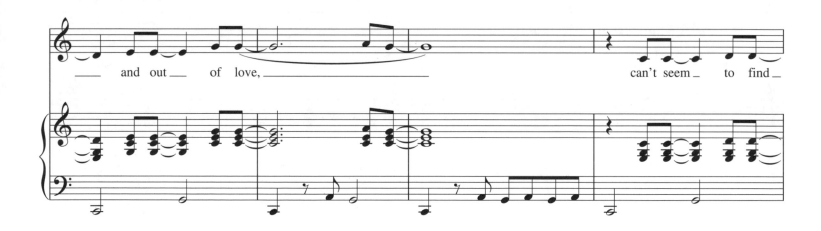

___ and out ___ of love, ___

can't seem ___ to find ___

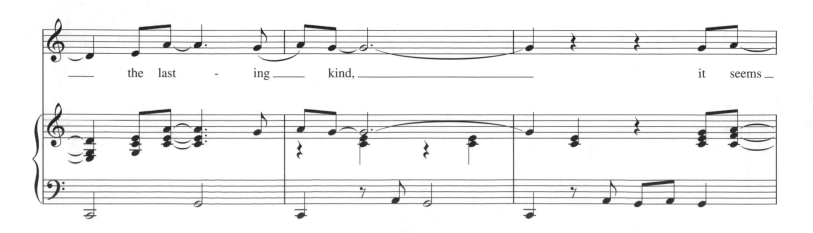

___ the last - ing ___ kind, ___

it seems ___

I can't find the joy I need,

love al - ways some-how all goes wrong with me.

D.S. al Coda

CODA

Well I'm look-ing for a love that lin - gers on,
That kind of love that keeps burn - ing bright,

2nd time D.S. and Fade

long af - ter that first kiss is gone.
long af - ter we've said good night.

THE HAPPENING

Words and Music by LAMONT DOZIER, EDWARD HOLLAND JR.,
BRIAN HOLLAND and FRANK DEVOL

I HEAR A SYMPHONY

Words and Music by EDWARD HOLLAND,
LAMONT DOZIER and BRIAN HOLLAND

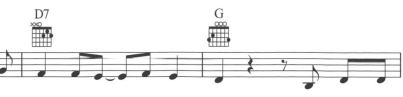

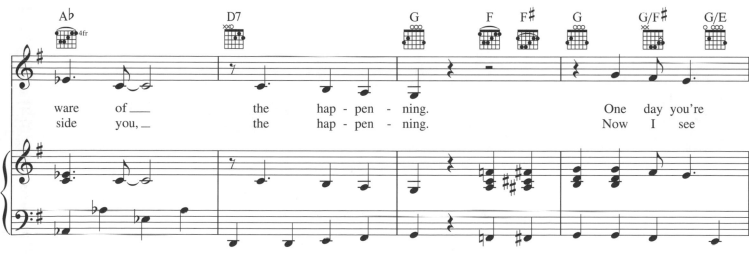

you'll find your world (you'll find your world) is tum-bl-in'
it's not all dreams (it's not all dreams), it's not all

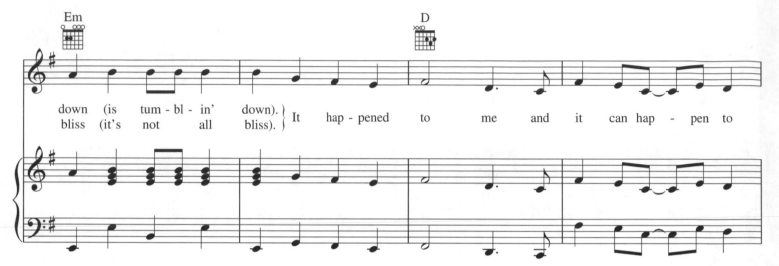

down (is tum-bl-in' down).
bliss (it's not all bliss). It hap-pened to me and it can hap-pen to

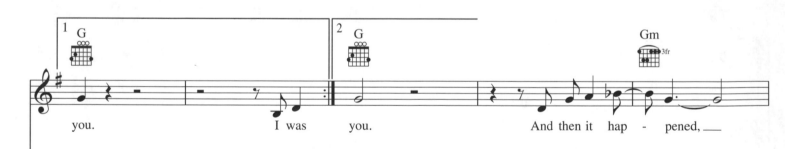

you.   I was   you.   And then it hap - pened, ___

Oo, _____   and then it hap - pened.

Oo, _____   and then it hap - pened. ___

real,   is it   fake,   is this   game of life ___ a mis-
light   too   late,   when that   fic - kle fin - ger of

take?   'Cause when I   lost the love I   thought was mine for cer - tain, ___
fate,   yeah, it ___ came and broke my   pret - ty bal - loon;   I   woke   up, ___

sud -den-ly it start hurt - in'.   I   saw the
sud -den-ly I just woke up. ___   So

Additional Lyrics

3. So sure I felt secure
   Until love took a detour;
   'Cause when you got a tender love
   You don't take care of,
   Then you better beware of   (Fade)

mel - o - dy ___ pull-ing me clos - er, clos - er to your arms. ___

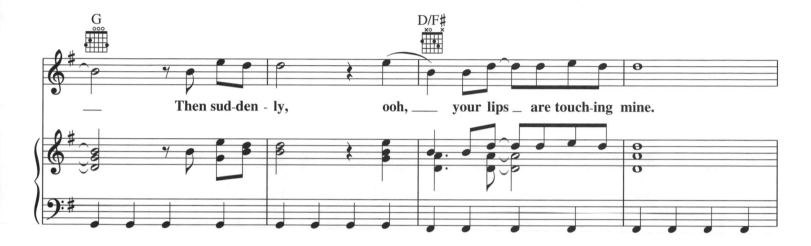

___ Then sud-den - ly, ooh, ___ your lips ___ are touch-ing mine.

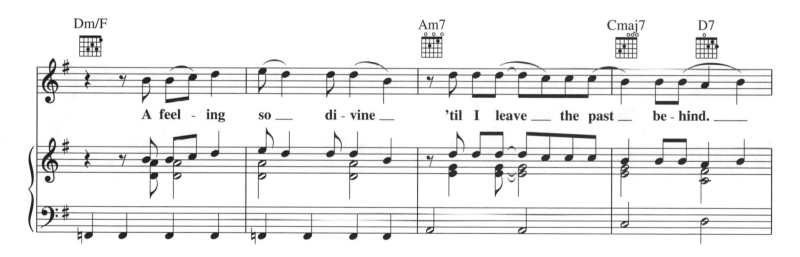

A feel - ing so ___ di - vine ___ 'til I leave ___ the past ___ be - hind. ___

I'm lost ___ in a world ___ made ___ for you and me. Ooh,

love me. _ When-ev-er you are near, _ I hear a

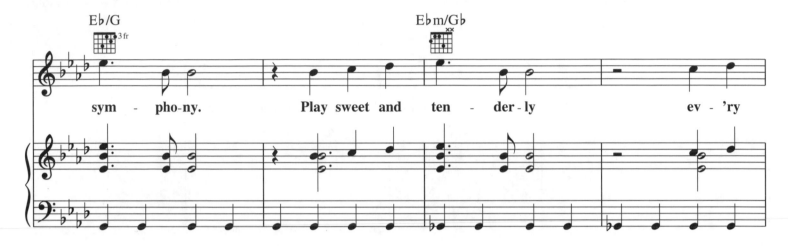

sym - pho-ny. Play sweet and ten - der-ly ev - 'ry

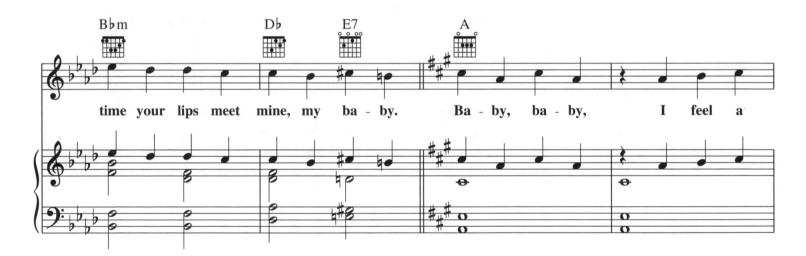

time your lips meet mine, my ba - by. Ba - by, ba - by, I feel a

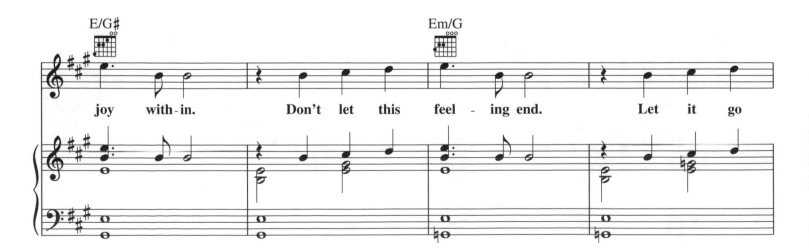

joy with-in. Don't let this feel - ing end. Let it go

LOVE CHILD

Words and Music by DEKE RICHARDS,
PAMELA SAWYER, DEAN R. TAYLOR
and FRANK E. WILSON

Ooh, _____
(3rd time only)

ooh. _____

(rhythm fill)

Bbm

Ab

Love child.

(2.,3.) (Instrumental solo 2nd & 3rd time)

Gb

1
F7

2
F7

3
F7

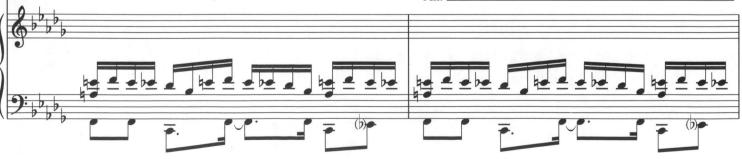

Ah.

gliss.

SOMEDAY WE'LL BE TOGETHER

Words and Music by JACKEY BEAVERS,
JOHNNY BRISTOL and HARVEY FUQUA

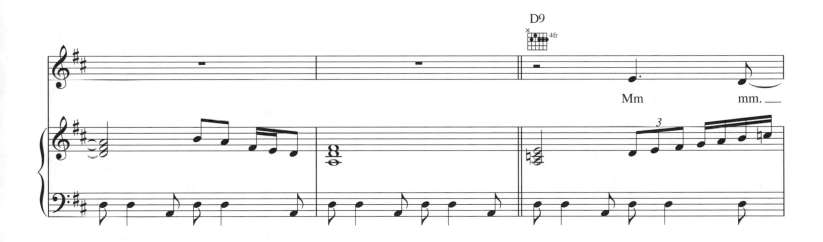

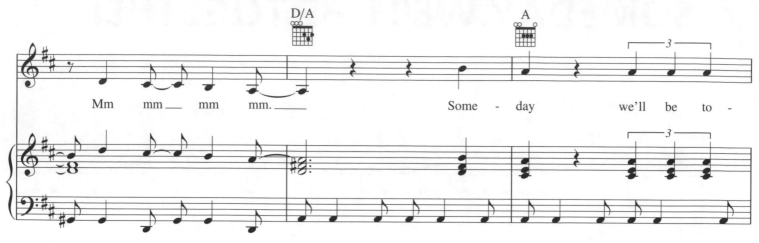

LOVE IS HERE
AND NOW YOU'RE GONE

Words and Music by BRIAN HOLLAND,
LAMONT DOZIER and EDWARD HOLLAND JR.

Love is here ___ and oh, my dar-ling, now you're gone. ___
Love is here ___ and oh, my dar-ling, now you're gone. ___

You made me love you Love is here ___ and oh, my dar-ling, now you're gone. ___
and oh, my dar-ling, now you're gone. ___

You per-suad-ed me to love you, and I did, ___ but in-
You said lov-ing you would make life beau-ti-ful ___

your love away from me.   my love. Look at me now.   Look   at   me;   see what lov-ing you has

done   to   me. ___   Look at my face; ___   see how cry-in' has

left   its   trace. ___   Af-ter you made ___ me all your own,   and you

left   me   all   a - lone,   you   made   your ___ words ___ sound ___

LOVE IS LIKE AN ITCHING IN MY HEART

Words and Music by EDWARD HOLLAND,
LAMONT DOZIER and BRIAN HOLLAND

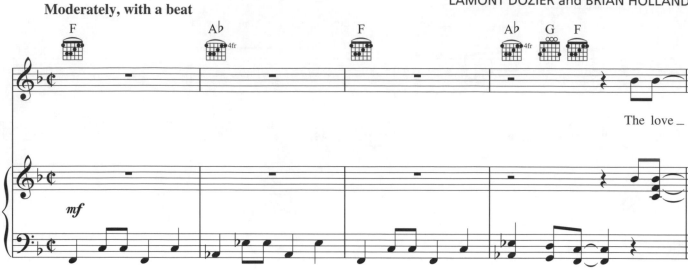

can't stop the fire, ___ love is a real ___ live wire. __ Oo, it's a
grow - ing in - fec - tion and I don't know ___ the cor - rec - tion. Got me __

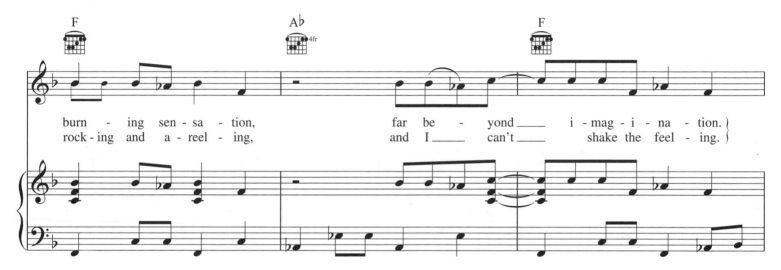

burn - ing sen - sa - tion, far be - yond ___ i - mag - i - na - tion.)
rock - ing and a - reel - ing, and I ___ can't ___ shake the feel - ing.)

Love is like an itch - ing in my heart, tear - ing it all a - part. __ Just an

itch - ing in my heart, and, ba - by, __ I can't scratch it. Keeps me

sigh - ing, oo, _____ keeps me yearn - ing. No, ma - ma can't _ help me.

No, _____ dad - dy can't _ help me. I've been bit - ten by the love bug

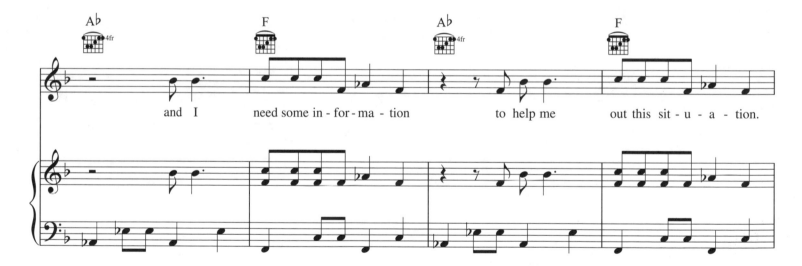

Ab   F   Ab   F

and I   need some in - for - ma - tion   to help me   out this sit - u - a - tion.

Ab   F   Ab

Now, when you're ill _____ you take a pill, _____ when you're

thirst - y, drink your fill. ___ What you gon - na do, ___ oh

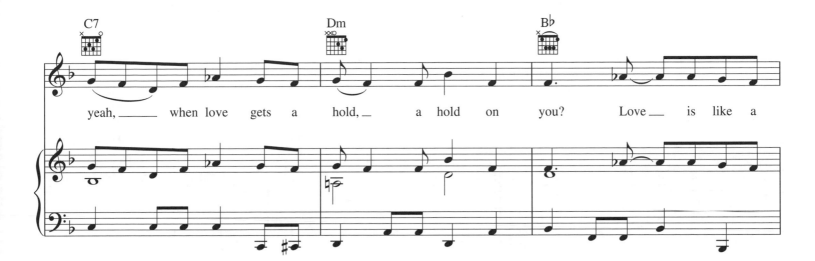

yeah, ___ when love gets a hold, __ a hold on you? Love __ is like a

itch-ing in my heart, and, ba - by, __ I can't scratch it.

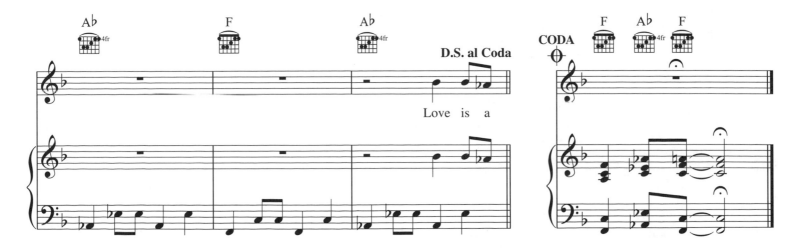

Love is a

D.S. al Coda

CODA

MY WORLD IS EMPTY WITHOUT YOU

Words and Music by EDWARD HOLLAND,
LAMONT DOZIER and BRIAN HOLLAND

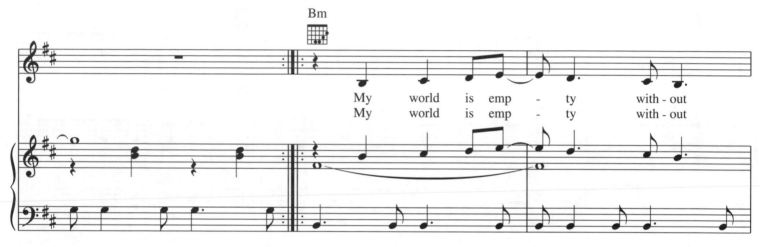

My world is emp - ty with - out
My world is emp - ty with - out

you, __ babe. __
you, __ babe. __

My world is emp -
My world is emp -

- ty with - out you, __ babe. __
- ty with - out you, __ babe. __

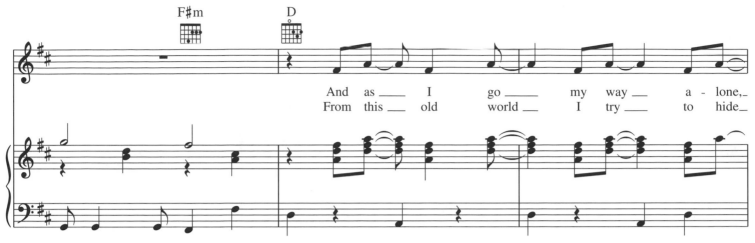

And as ___ I go ___ my way ___ a - lone,
From this ___ old world ___ I try ___ to hide___

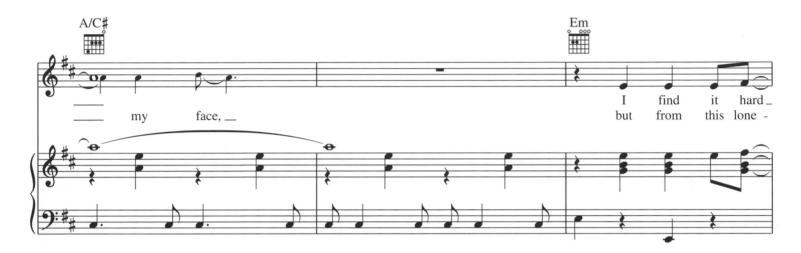

___ my face, ___
I find it hard ___
but from this lone -

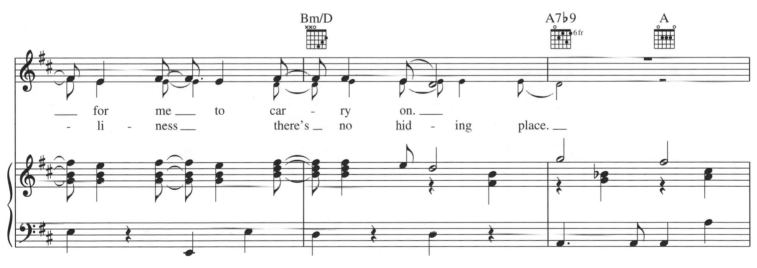

___ for me ___ to car - ry on. ___
- li - ness ___ there's ___ no hid - ing place. ___

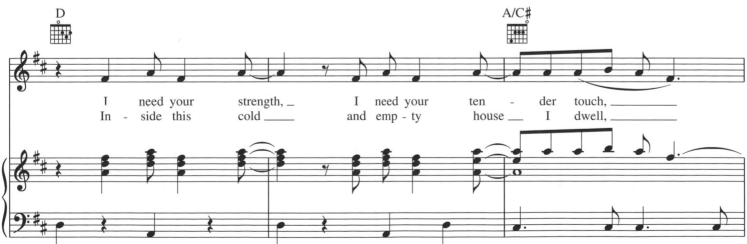

I need your strength, ___ I need your ten - der touch, _____
In - side this cold ___ and emp - ty house ___ I dwell, _____

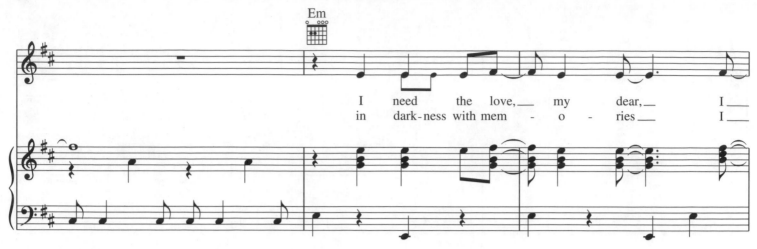

I need the love,___ my dear,___ I___
in dark-ness with mem - o - ries___ I___

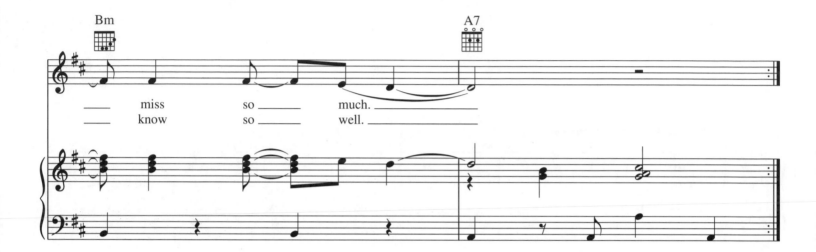

___ miss so ___ much. _____
___ know so ___ well. _____

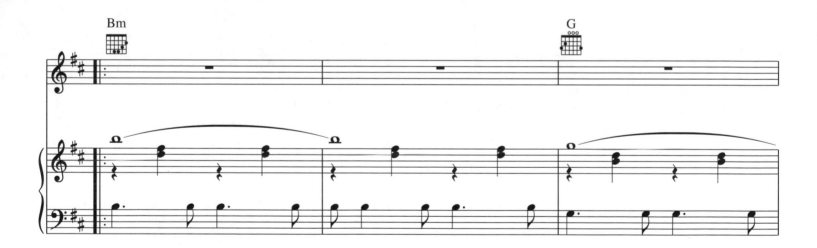

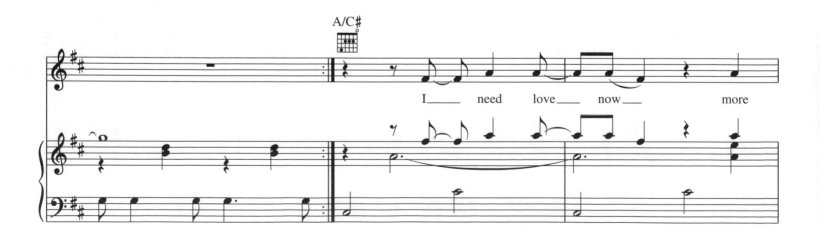

I___ need love___ now___ more

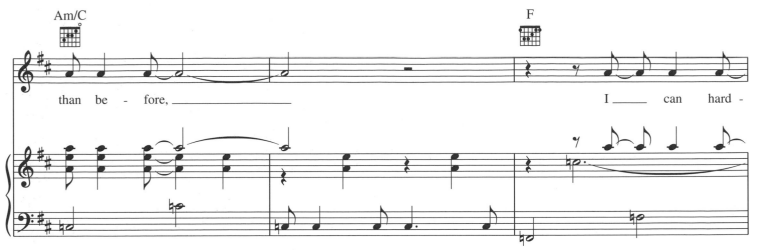

than be - fore, _____ I ____ can hard -

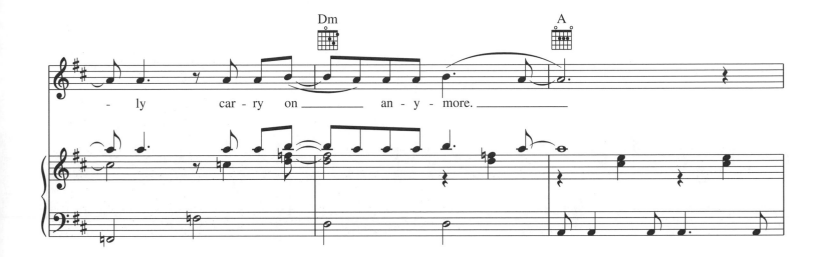

- ly car - ry on _____ an - y - more. _____

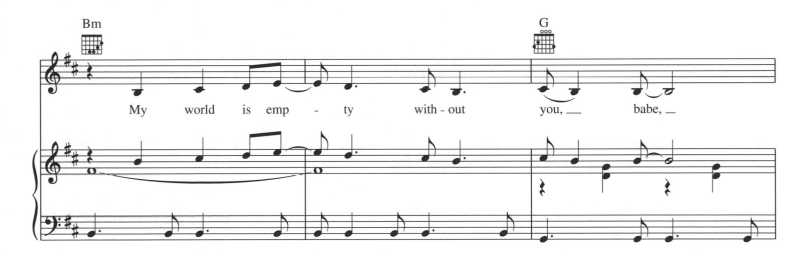

My world is emp - ty with - out you, ___ babe, ___

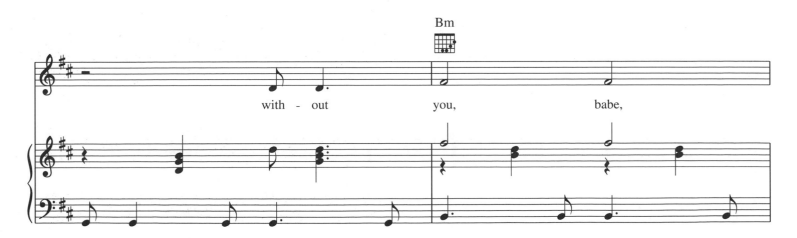

with - out you, babe,

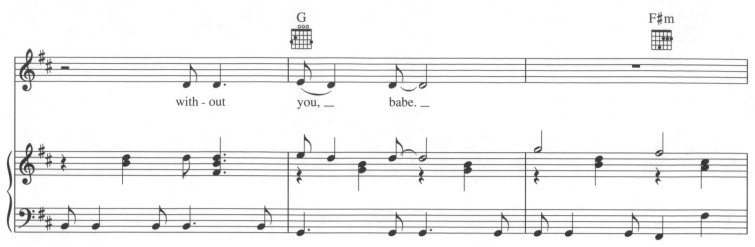

with - out you, __ babe. __

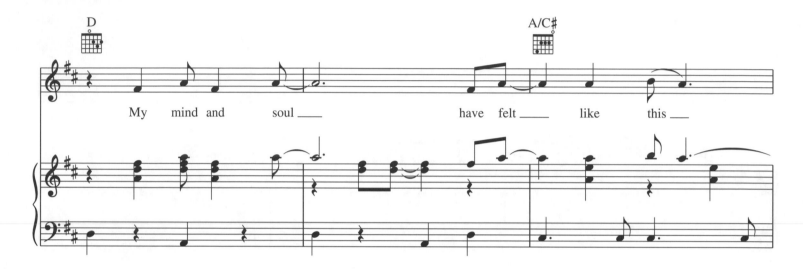

My mind and soul ___ have felt ___ like this ___

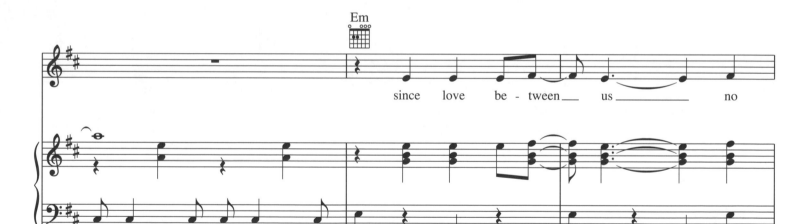

since love be - tween__ us _____ no

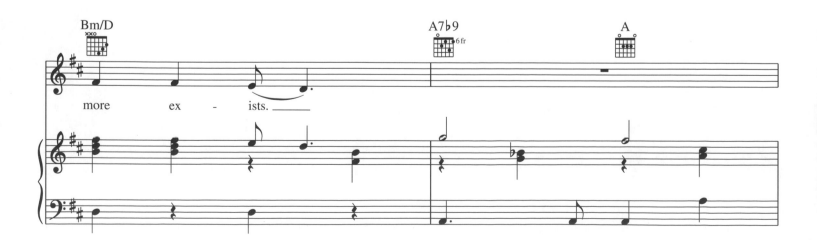

more ex - ists. _____

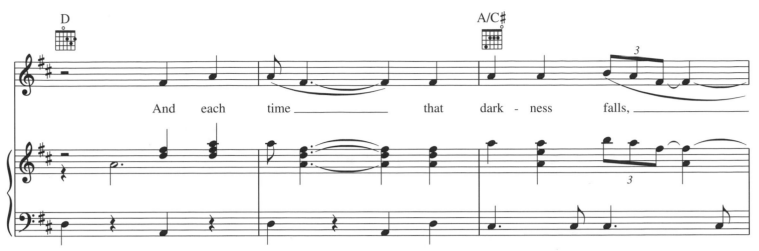

And each time _____ that dark - ness falls, _____

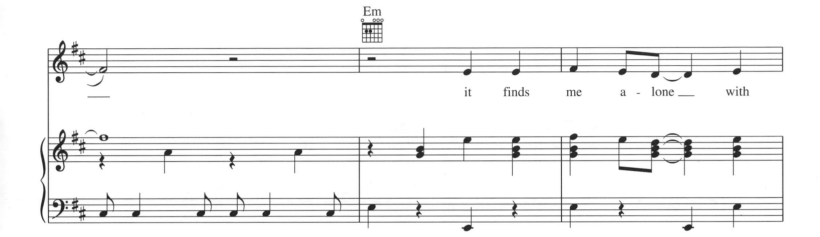

_____ it finds me a - lone ___ with

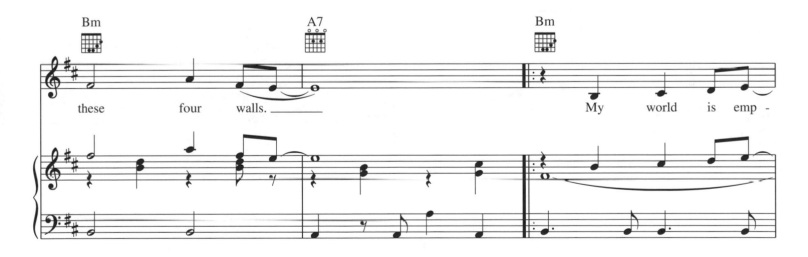

these four walls. _____ My world is emp -

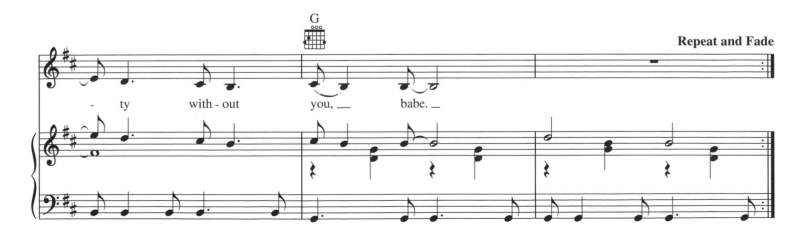

Repeat and Fade

- ty with - out you, ___ babe. ___

REFLECTIONS

Words and Music by BRIAN HOLLAND,
LAMONT DOZIER and EDWARD HOLLAND

flec-tions of the love you took from me. I'm all a-lone_ now,

no love to shield me, trapped in a world that's

a dis-tort - ed re - al - i - ty. _____

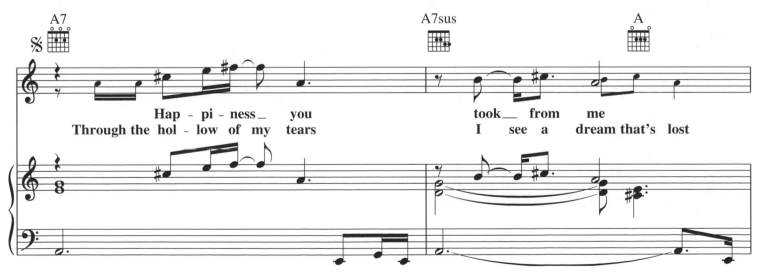

Hap - pi - ness_ you took_ from me
Through the hol - low of my tears I see a dream that's lost

flec - tions of _____ the way life used to be, _____ re -

flec - tions of _____ the love you took from me. In

you I put all ___ my faith and trust, _____ right be -

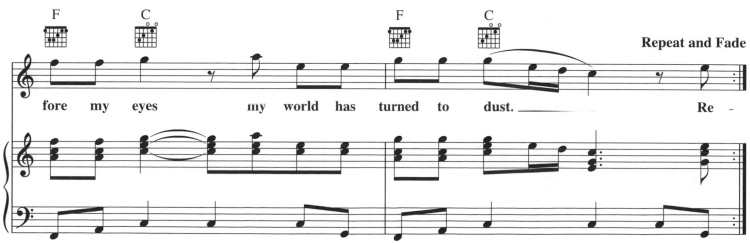

Repeat and Fade

fore my eyes my world has turned to dust. _____ Re -

STONED LOVE

Words and Music by FRANK E. WILSON
and YENNIK SAMOHT

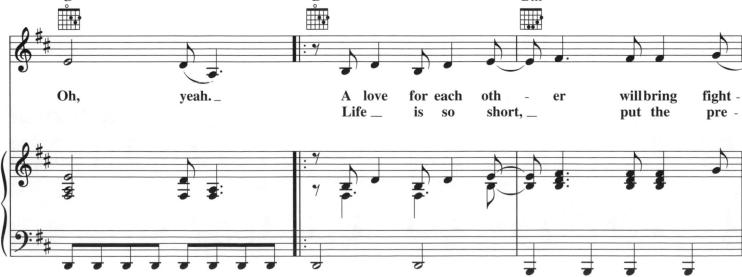

Em

D

-sage from ___ a - bove. _____ Oh, ___ yeah, ___ I find ___ no oth-
_____ must de - pend. _____ I pray ___ for peace ___

Bm

Em

D

-er great-er sym - bol of _____ this love, ___ yeah. _
_____ and ___ love, ___ A - men. _____

Don't you hear the wind ___ blow - in'? }
Can't ya hear ___ it? ___

Bm

Mm, mm, ___ stoned ___ love, _

Em

D

_____ oh yeah. ___ I tell you I ___ ain't got ___ no oth - er.

STOP! IN THE NAME OF LOVE

Words and Music by LAMONT DOZIER,
BRIAN HOLLAND and EDWARD HOLLAND

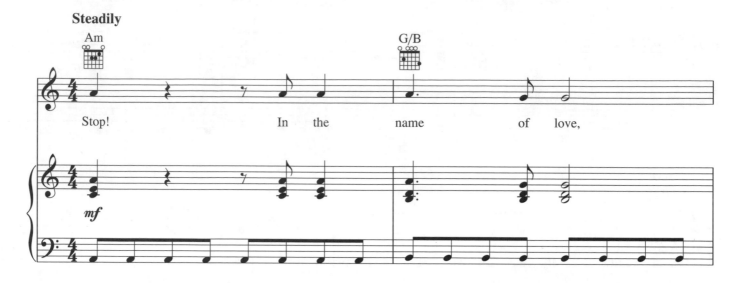

Stop! In the name of love,

be - fore you break my heart.

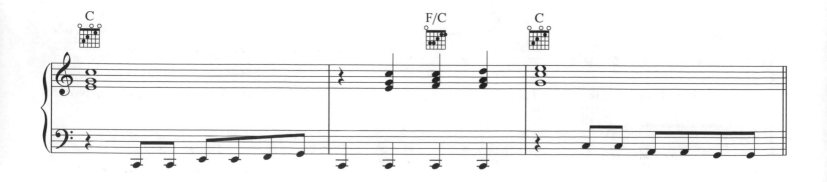

Cmaj7   Gm

Ba - by, ba - by, I'm a - ware _ of where you go   each time you

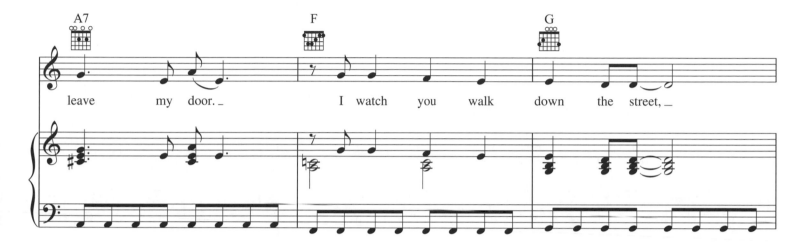

A7   F   G

leave   my door. _   I watch you walk down the street, _

F   G   C

know - ing your oth - er love you'll meet. _   But this time _ be - fore you
     But this time _ be - fore you

G/B   F

run   to her,   leav - ing me a - lone _ and hurt, _
leave   my arms   and rush off to _ her charms, _

(Think it

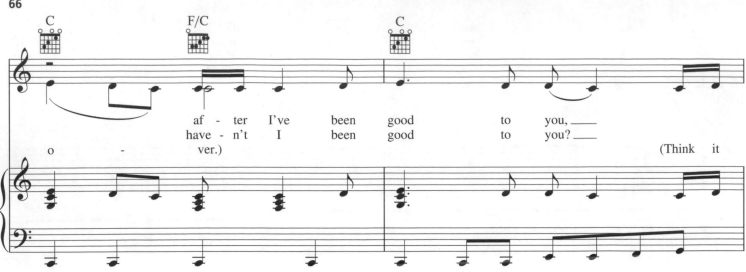

after I've been good to you, ____
have-n't I been good to you? ____
o - ver.) (Think it

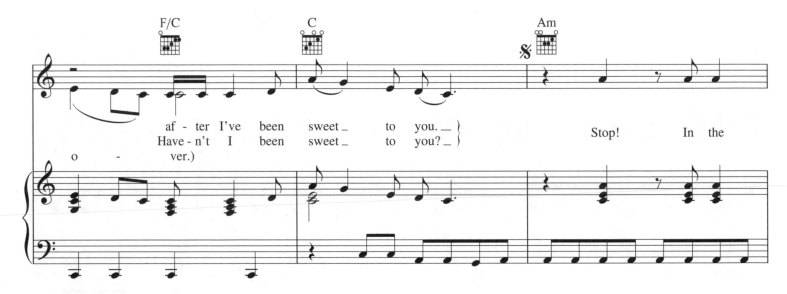

af - ter I've been sweet _ to you. _ }
Have-n't I been sweet _ to you? _ }
o - ver.) Stop! In the

name of love, be - fore you break my heart.

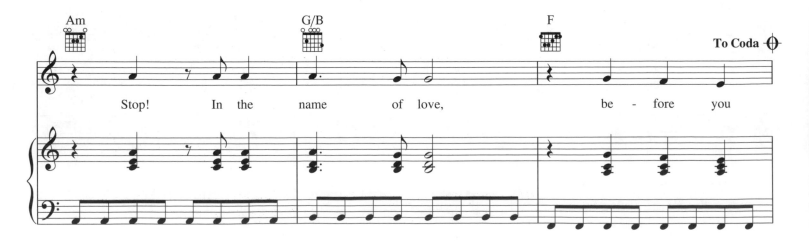

Stop! In the name of love, be - fore you

To Coda

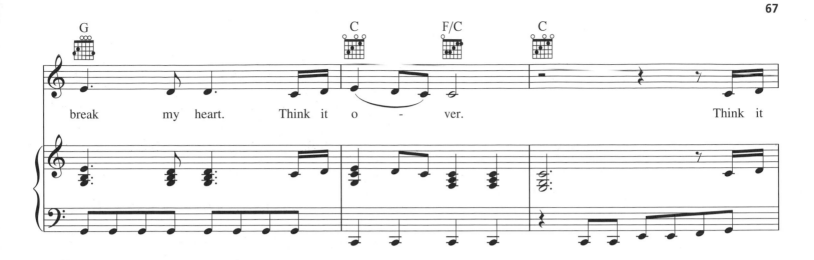

break my heart. Think it o - ver. Think it

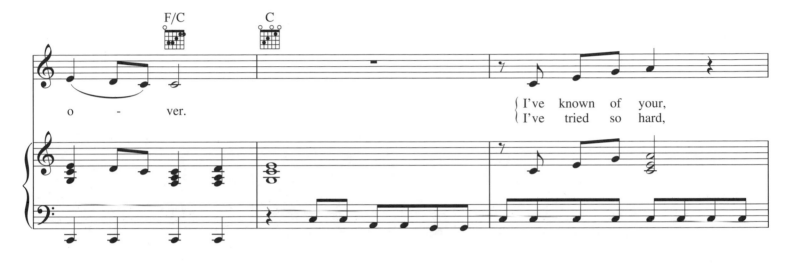

o - ver.

I've known of your,
I've tried so hard,

your se - clud - ed nights, I've e - ven seen her may - be once or twice.
hard to be pa - tient hop - ing you'd stop this in - fat - u - a - tion.

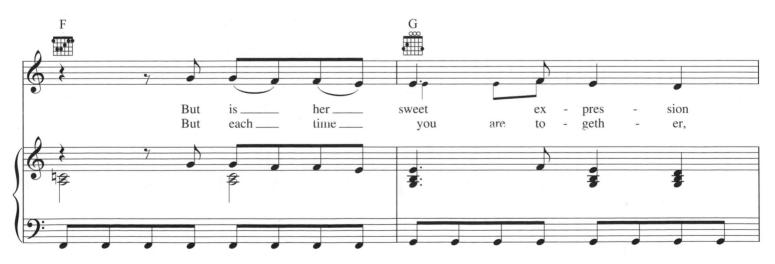

But is ____ her ____ sweet ex - pres - sion
But each ____ time ____ you are to - geth - er,

worth_ more_ than my love and af - fec - tion?
I'm_ so a - fraid of losing you for - ev - er.

D.S. al Coda

CODA

break my heart. Stop! In the name of love,

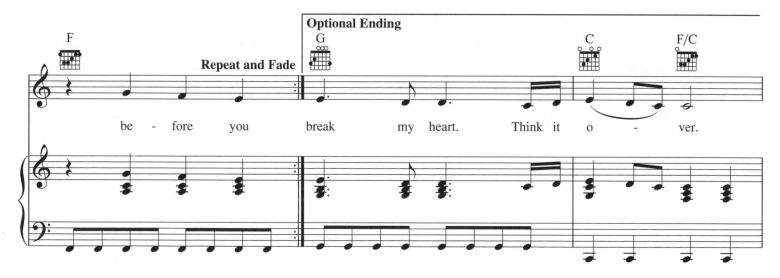

Optional Ending

Repeat and Fade

be - fore you break my heart. Think it o - ver.

Think it o - ver. _____

WHERE DID OUR LOVE GO

Words and Music by BRIAN HOLLAND,
LAMONT DOZIER and EDWARD HOLLAND

Rock Shuffle

(1.,3.) Ba-by, ba-by, ba-by, don't leave me.
(2.) Ba-by, ba-by, where did our love go?

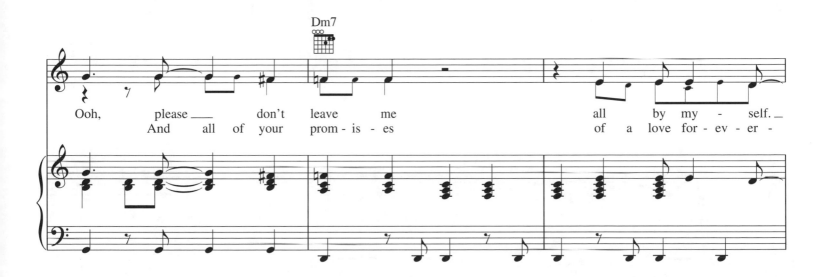

Ooh, please ___ don't leave me all by my-self. ___
And all of your prom-is-es of a love for-ev-er-

___ more!
I've ___ got this burn-ing, burn-ing,

yearn - ing feel - in' in - side me. Ooh, deep in -

side me and it hurts __ so __ bad.

You came __ in - to my heart (ba - by ba - by) so ten - der -

ly __ with a burn - ing love __ (ba - by ba - by)

that stings _ like a bee. _ (ba-by ba-by) Now that I sur-ren-der (ba-by ba-by)

so help-less-ly, ___ you now want to leave. (ba-by ba-by)

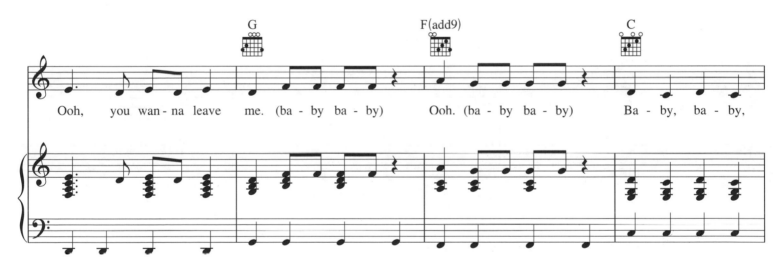

Ooh, you wan-na leave me. (ba-by ba-by) Ooh. (ba-by ba-by) Ba-by, ba-by,

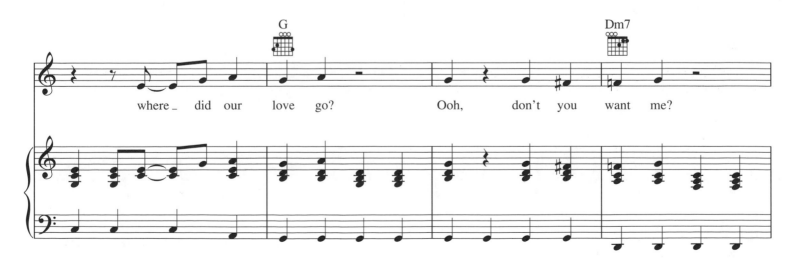

where _ did our love go? Ooh, don't you want me?

Don't you want me no more? (ba - by ba - by) Ooh, ba - by.

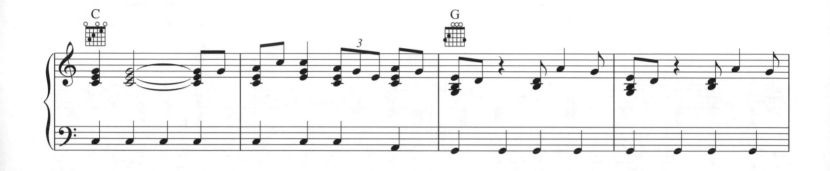

D.C. al Coda

CODA

Be - fore __ you won my heart, (ba - by ba - by)

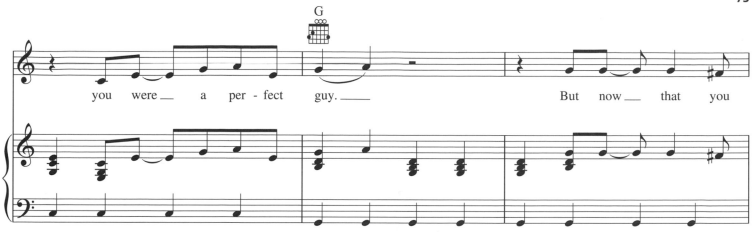

you were ___ a per - fect guy. ___ But now ___ that you

got me, you wan - na leave me be - hind. (ba - by ba - by) Ooh, ___ ba - by.

Ba - by, ba - by, ba - by, don't leave me. Ooh, please ___ don't

Repeat and Fade

leave me all by my - self. ___ (ba - by ba - by) Ooh. ___

UP THE LADDER TO THE ROOF

Words and Music by
VINCENT DiMIRCO

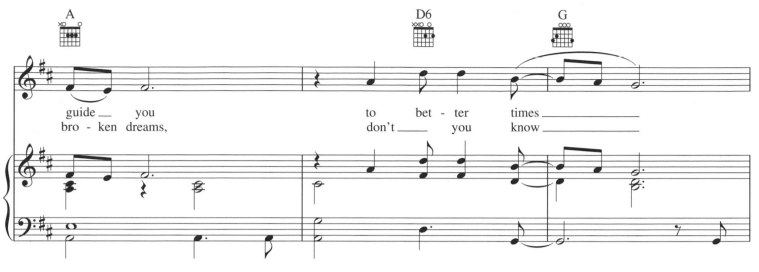

guide — you to bet - ter times —
bro - ken dreams, don't — you know —

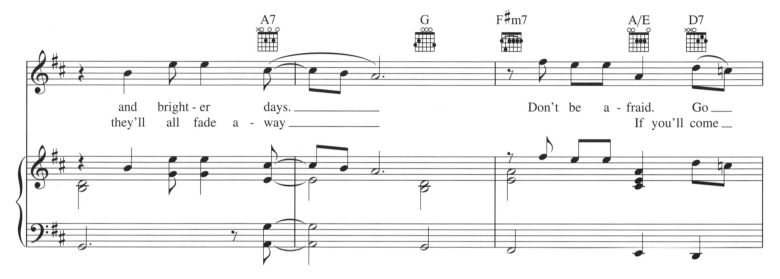

and bright - er days. — Don't be a - fraid. Go —
they'll all fade a - way — If you'll come —

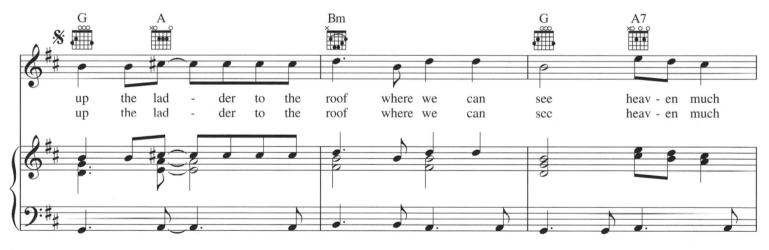

up the lad - der to the roof where we can see heav - en much
up the lad - der to the roof where we can see heav - en much

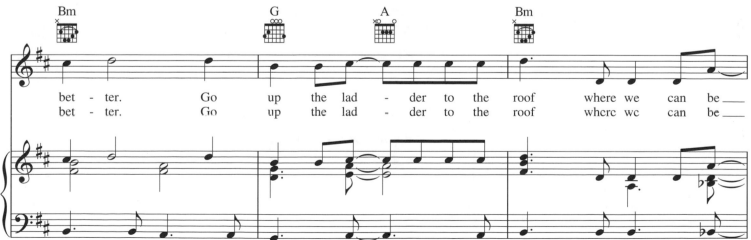

bet - ter. Go up the lad - der to the roof where we can be —
bet - ter. Go up the lad - der to the roof where we can be —

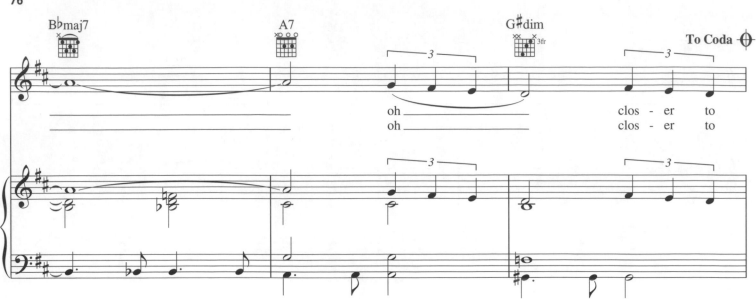

To Coda

oh _____ clos - er to
oh _____ clos - er to

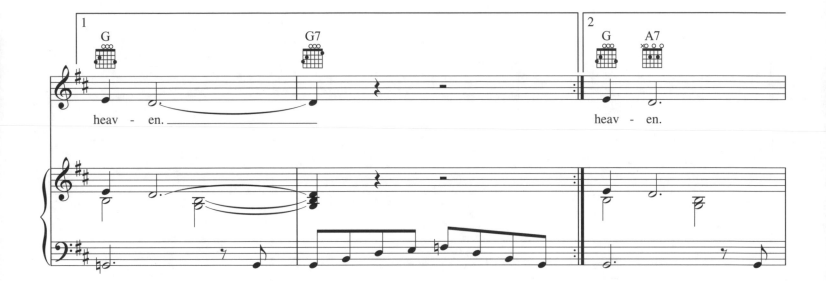

1
heav - en. _____

2
heav - en.

We'll laugh _ and I'll   tell you the stor - y of love
I will _ nev - er   ev - er ev - er ___ leave ___

To Coda

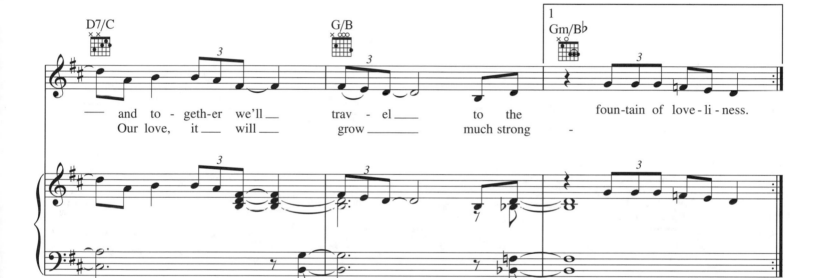

YOU CAN'T HURRY LOVE

Words and Music by EDWARD HOLLAND,
LAMONT DOZIER and BRIAN HOLLAND

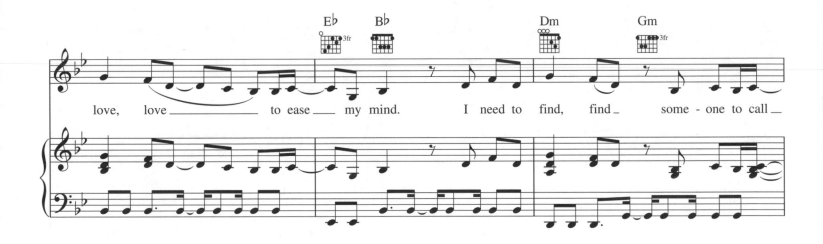

"Love don't come eas - y. ___ It's a game of give and take. ___ You can't hur - ry love. ___ No, you
"Love don't come eas - y. ___ It's a game of give and take." ___ How long must I wait, ___ how much

just have to wait. ___ You got - ta trust, ___ give it time, no mat - ter how long ___ it takes." But
more can I take ___ be - fore lone - li - ness ___ will cause my heart, heart ___ to break? No,

how man - y heart - aches must I stand ___ be - fore I find ___ a love ___ to let me
I can't bear to live my life a - lone. I grow im - pa - tient for ___ a love to

live a - gain? ___ Right now the on - ly thing ___ that keeps me hang - ing on, ___ when I
call my own, ___ but when I feel that I, ___ I ___ can't go on, ___ these

soft voice to talk to me at night, __ for some ten-der arms __ to

hold __ me tight. __ I keep wait-ing, I keep on wait-ing, __ but it ain't

eas - y, __ it ain't eas - y when ma - ma said, "You can't hur-ry love. No, you

just have to wait." She said, {"Trust, _____ give it time, no mat-ter how long __ it takes."} "You
{"Love don't come eas - y, it's a game of give and take."}

YOU KEEP ME HANGIN' ON

Words and Music by EDWARD HOLLAND,
LAMONT DOZIER and BRIAN HOLLAND

Moderately fast

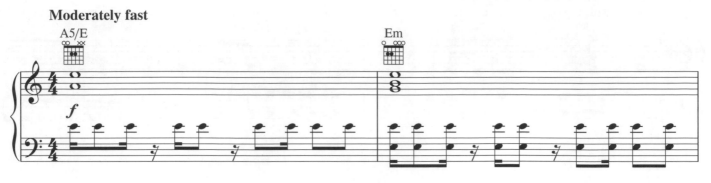

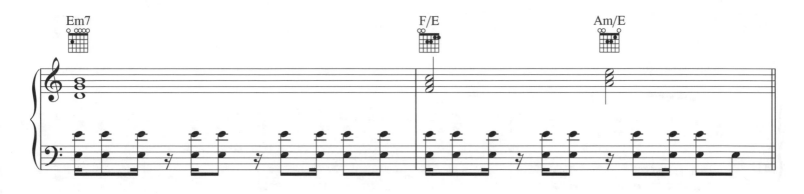

Set me free. Why don't ___ you, ba - by? { Get out my life. } Why don't ___
{ Let me be. } ___ you, ba - by?

___ you, ba - by? 'Cause you don't ___ real - ly love ___ me, you just keep ___

This edition has been transposed up one half-step from the original recording to be more playable.

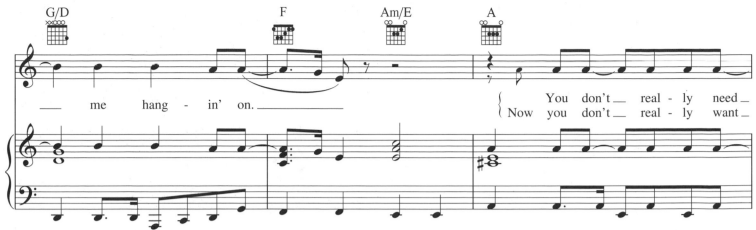

me hang - in' on. ___

You don't ___ real - ly need ___
Now you don't ___ real - ly want ___

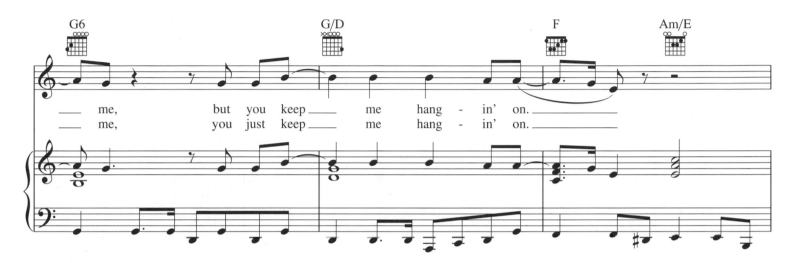

me, ___ but you keep ___ me hang - in' on. ___
me, ___ you just keep ___ me hang - in' on. ___

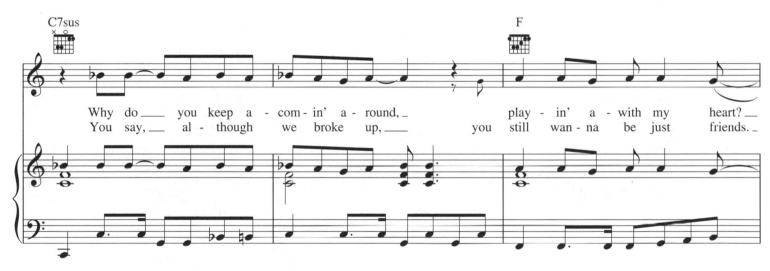

Why do ___ you keep a - com - in' a - round, ___ play - in' a - with my ___ heart? ___
You say, ___ al - though we broke up, ___ you still wan - na be just ___ friends. ___

___ Why don't ___ you get out ___ of my life ___
___ But how ___ can we still ___ be ___ friends ___ when

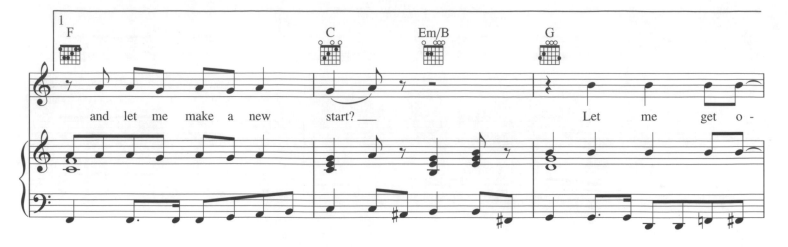

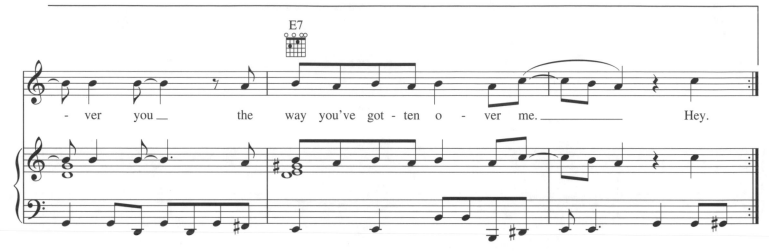

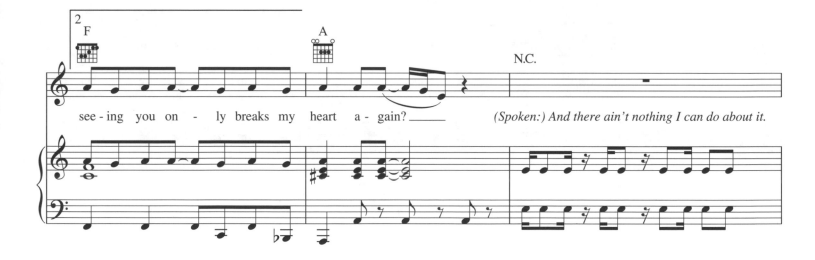

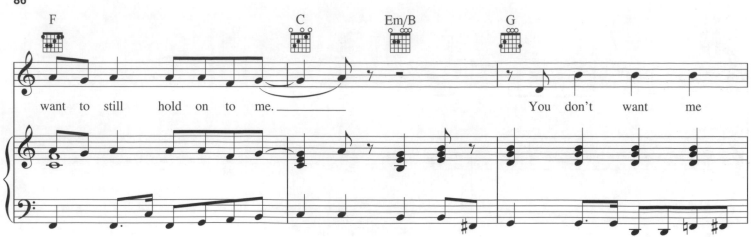

want to still hold on to me. _____ You don't want me

for ___ your-self, so let me find some-bod - y else. _____ Hey, _ hey. _

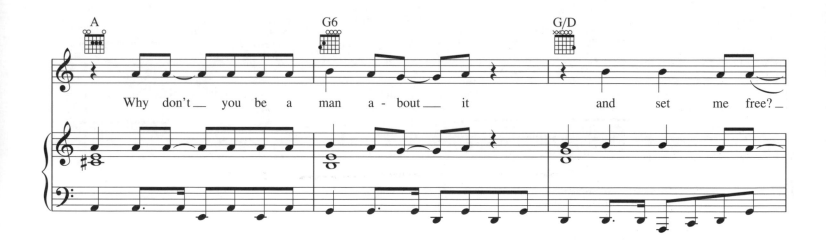

Why don't ___ you be a man a - bout ___ it and set me free? _

_____ Now you don't ___ care a thing a - bout ___ me,

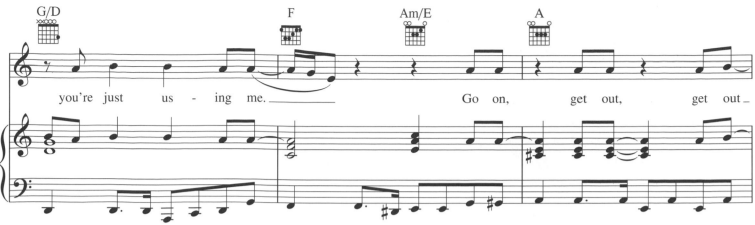

5c com. 6-7-05

1 06